Francesco del Romano

Die Helden der letzten Tage

Erzählung
von der Verlorenheit
bis zur Selbstfindung

Setzt man eine ihrem Ursprung nach reine und edle Rose
in vergiftetes Erdreich, so wird auch sie vergiftet.

Nun setzen wir sie in gesunden Nährboden
und sie wird zu neuer Pracht erblühen.

Francesco del Romano

Cover & Layout: Frau Isa
Kontakt: francescodr@gmx.at
Verlag: BoD · Books on Demand GmbH, In de Tarpen 42,
22848 Norderstedt
Druck: Libri Plureos GmbH, Friedensallee 273,
22763 Hamburg
ISBN: 978-3-7693-1989-7

Des Mondes halbe Orangenscheibe hing entflammt über dem nächtlichen Himmelszelt

Und in der Ferne vernahm ich das Rattern des Zuges des Lebens auf des Schicksals ewigen Geleisen.
Während der Turm der Vorsehung errötete in wolkenumhangener Weltennacht.
Ein Erdenbürger bin ich, noch. Doch meine Tage sicherlich begrenzt.
Ich weiß nie, wann ich werde zurückgeholt ins ewige Sein, wo Atahualpa und Las Casas, Michelangelo und Boccaccio bereits auf mich warten.
Denn das Rad des Daseins, es hält niemals inne.
Die Saat einst gesät, niemals verwelkt.

Francesco del Romano

Inhaltsverzeichnis

I. Einführung in das Leben Federico Fiorentinos

Wir schreiben den siebten November des Jahres 2022.
Ich, der Autor, möchte nun aus dem Leben eines tragischen Helden und aus dem einiger seiner heldenhaften Freunde berichten.
In der Literaturgeschichte wimmelt es bekanntlich von tragischen Figuren. Spontan fällt mir Don Quijote ein –
der Ritter von der traurigen Gestalt,
nach seiner Heimat in Kastilien auch als Mann von
La Mancha bekannt.

Der Held unserer Erzählung, mit Namen Federico Fiorentino, ist, und dies erkennt der italophile Mensch mit Leichtigkeit, Italiener.
Er entstammt, so wie einer der fernsten Sterne,
am Himmelszelt der italienischen Dichtkunst, Giovanni Boccaccio, dem Städtchen unweit von Florenz,
namentlich Certaldo.

Ich werde im Verlaufe dieser Erzählung auf Federico Fiorentinos bewegte Lebensgeschichte zurückblicken.

Was also gibt es zu berichten?
Zuallererst: Federico ist mit Fortlaufen der Zeit in die Rolle des Dichters geschlüpft, gestolpert, oder er ist gar darin hineingedrängt worden.
Je nachdem, das hängt von der Perspektive und der Grundideologie des Betrachters ab.

Jedenfalls für jeglich herkömmliche Art von Arbeit ungeeignet (wir werden später darauf zurückkommen) machte er aus der Not eine Tugend und wurde Schriftsteller. Seine poetische Ader entdeckte der Italiener schon in jungen Jahren, als heranwachsender Mann, sagen wir so mit fünfzehn Jahren.

Und zwar folgendermaßen: Nach einem Spaziergang unter alten Pinien und Zypressen in einem fürstlichen historischen Garten, in der Nähe von Siena, entzündete sich das Feuer der Poesie plötzlich im Geiste Federicos.

Er beschrieb auf anmutige Art und Weise, in gewählter Sprache, diese alten Bäume, die so archetypisch für die Toskana, der Federico entstammte.

Nun ist es naheliegend, dass jemand, der in Certaldo aufwächst, irgendwann mit dem „Antico Maestro" Giovanni Boccaccio in Berührung kommt.
Dies geschah in Federicos Leben, als er ungefähr an Jahren neunzehn zählte.

In einer Bibliothek, ich denke es war tatsächlich in Certaldo, stieß er auf ein Jahrtausendwerk:

„Il Decamerone". Und er war hin und weg!
Meisterlich wirkte das „Capolavoro" des Dichters aus seiner Heimatstadt auf Federico.
Und wahrlich, in der abendländischen Erzählkunst kaum übertroffen, berichtet Boccaccio von sieben Frauen und drei Männern, die sich in der Zeit, als der Schwarze Tod in Florenz wütete, auf ein Landgut in der Nähe der künftigen Renaissance- Metropole, zurückgezogen hatten – dies in so realer und anschaulicher Weise, geschmückt von ungezählten Metaphern und
einem unwiederbringlichen Wortwitz.
Boccaccio machte Federico eines klar: Er sollte Poet werden!
So groß war die Strahlkraft, und dies auch aus der zeitlichen Distanz von siebenhundert Jahren!

Nun, und womit beschäftigt sich der Held unserer Geschichte ansonsten?

Bekanntlich kann man als Poet oder Autor in der heutigen Zeit nicht finanziell überleben (außer in den seltensten Ausnahmen, wenn man einen guten Manager hat und darüber hinaus in Besitz eines außerordentlichen Talents ist).

Da unser Held ein tragischer, muss man wohl in aller Ehrlichkeit an dieser Stelle feststellen: Er versuchte immer wieder eine „bürgerliche" Arbeit zu ergreifen, strauchelte aber jedes Mal.

Sein Glück, sein Vater war ein wohlhabender Latifundien-Besitzer und unterstützte den idealistischen und verträumten Sohn zeitlebens.

II.   Piero Pineta

Schwenken wir nun für einen Augenblick um zu einem weiteren Helden des Romans, ein enger Freund Federicos.

Piero Pineta besuchte einst mit Federico die Universität von Florenz.
Er war ebenso ein kluger Kopf und stand an Intelligenz und Talent Federico in nichts nach.
Einige Jahre seines Lebens stellte Piero für Federico den wichtigsten Alliierten auf dem Schlachtfeld der Literatur und des Lebens dar. Bis sich schließlich ihre Wege für immer trennen sollten. Den tiefen Schmerz hat Federico bis heute nicht verwunden.
Piero und Federico waren einander in vielem ähnlich, zwei feinfühlige, hochbegabte Seelen. Der einzige Unterschied: Pineta zeichnete sich durch ein höheres

Durchhaltevermögen aus, war zielstrebiger und hatte auch objektiv gesehen an der Universität sowie beruflich mehr Erfolg.
Die beiden gingen gern miteinander auf Reisen oder unternahmen auch einfach nur eine Wanderung im Umland von Certaldo.

Warum sich Piero Pineta schlussendlich von Federico abgewandt hatte, ist nicht restlich geklärt. Möglicherweise, doch dies war nur eine Mutmaßung, war ein dritter „Freund" involviert, der die beiden auseinanderbringen wollte und Piero einige Details der
dunklen Seelenabgründe Federicos einst preisgab.

III.   Erst amouröse Erfahrungen des Protagonisten

Federico kam langsam ins Alter, wo man die ersten amou-
rösen Erfahrungen sammelt. Und die sogenannte Zeit der
Pubertät war für unseren Helden mehr als turbulent und
schmerzvoll.
Hierbei denke ich daran, dass ein junger Mann in diesem
Lebensalter grundsätzlich völlig ahnungslos ins kalte
Wasser der Gefühle und Sentimentalitäten geworfen wird.
Wissenschaftlich würde man sagen:
Die Hormone spielten verrückt.

Nun muss man bedenken, dass Federico von seinen
Eltern kaum bis gar nicht aufgeklärt worden ist. Wie also
sollte ein Jugendlicher wissen, wie man sich in Liebesdin-
gen korrekt zu verhalten hat?
In diesen „Krieg" der Emotionen stolperte der tragische
Held also ohne Rüstung und Panzer.
Bis heute entsinnt er sich des ersten Kusses und später
der ersten Liebesbeziehung. Dies sind die idyllischeren,
romantischeren Erinnerungen.

Auf zahllose andere „amouröse Experimente" hätte er gut
und gern lieber verzichtet.

IV.   Ein halbes Jahr in Irland

Unsere zentrale Figur war schon immer ein Abenteurer
und Reisender.
In jüngeren Jahren kam ihm einst die Idee längere Zeit in
Irland zuzubringen.

Schon bewarb er sich fleißig und wurde kurz darauf
fündig: Eine technische Firma in Dublin hatte Bedarf an
einer Bürokraft.
Gesagt, getan. Nachdem er alle Vorbereitungen getroffen
hatte, stieg er ins Flugzeug und landete ungefähr zwei
Stunden später auf irischem Territorium.
Es war alles höchst professionell organisiert von seinem
künftigen Arbeitgeber: Flug und Unterkunft waren zur
Verfügung gestellt worden.
Somit sollte ein halbes Jahr Irland-Erfahrung für Federico
beginnen.

Er erinnert sich immer gern zurück an dieses irische
Intermezzo.
Abseits der Büroarbeit in der Hauptstadt, bereiste er
umliegende Orte am Meer, und Belfast sowie Sligo
(an der Westküste).
Es war durchwegs eine lehrreiche Zeit für Federico
Fiorentino und einmal etwas ganz Anderes als der italieni-
sche Alltag.
Vor allem machte er autark seine eigenen Erfahrungen in
der großen weiten Welt und lernte sich abseits der
angestammten bekannten Heimat, ganz auf eigene Faust,
durchzuschlagen.

V.   Die Zeichen der Zeit

Meine Erzählung heißt nicht grundlos: „Die Helden der
letzten Tage". Unser Zeitalter verfinstert sich nämlich
offensichtlich mehr und mehr.

Corona, der Ukraine- Krieg, die galoppierende Inflation.
Was kommt als nächstes? Reicht es nicht schon langsam?
All dies bedeutet eine Belastungsprobe, in der langsam,
aber sicher selbst Nerven aus
Drahtseilen zu zerreißen drohen.
Corona, die neue Pestilenz, traf Federico sowie den Rest
der Welt, völlig unvorbereitet, unerwartet. Eine neue Pest,
wie vom Himmel gefallen, oder besser, der Hölle ent-
sprungen.

Federico, der schon immer ein geselliger Mensch gewe-
sen, trafen die neuen Restriktionen mit besonderer Härte.
Aber überhaupt, das soziale Leben in Italien und bald dar-
auf im Rest der Welt litt schwer unter der Pandemie.
Die Zeichen der Zeit schienen eindeutig: Federico dachte
manchmal: „Die Wiederkunft des Salvator mundi... mög-
licherweise ist sie nicht mehr fern."

In Hinblick auf die destruktive Kraft des Ukraine-Krieges
verfasste Federico einst jenes englische Gedicht

Machine gun man

Machine gun man!
How many people did you kill?
How many times did you extinguish a human heart?
Machine gun dictator. I suppose, you have lost your mind.
Your rage is blind.
And blindfolded the people that brought you to power.
So much destruction! So much hate!
Throughout history endless fields of graves.

Christ! Give me strength to carry on!
This world is leading in a dangerous direction.
The train of history is hopefully not going to crash!
May humankind stop this hell train
before it's too late.

VI.   Die römische Idee

Federico sah sich selbst als Dichter. So viel stand fest.
Doch hielt er bis dato noch keine öffentlichen Lesungen
ab.
Warum? Sicherlich deswegen, weil er sich noch davor
scheute.
Er hatte Angst sich zu verstolpern, die gemeinsame Erfah-
rung mit dem Publikum war ihm noch nicht geläufig.
Alles sollte sich in Windeseile ändern.
Vor allem mit einer Idee, die in Federico entstand und bald
zu gedeihen begann: Der Übersiedlung nach Rom.
Des toskanischen Provinzlebens überdrüssig und auch
mehr und mehr der Lethargie und Depressionen verfallen,
kam dem Helden der Feder eine Idee: Er wollte seinem
Leben eine neue Wendung geben.
Und dies war wahrscheinlich seine einzige und letzte
Chance, dem Tanz mit den Dämonen zu entkommen.

VII. Federicos Verlegung des Lebensmittelpunktes nach Rom/Transformation zum veritablen Dichter

Federico Fiorentino fuhr nach Rom und holte erste Informationen ein, brachte einige Tage in der Ewigen Stadt zu. Mehr und mehr sollte er Gefallen finden an der Capitale. Die Würfel fielen bald. Er organisierte, plante, traf akribische Vorbereitungen.

Dann war es so weit. Eine passende Wohnung wurde gefunden und Federico war nun Wahl – Römer.

Fleißig unterwegs in den Literatur – Cafés stieß er schließlich auf einen neuen Freund und Förderer: Araldico del Re.

Araldico sollte es sein, der Federico den entscheidenden Anstoß gab, aber auch die Gelegenheit in Form einer Lesung im Literatur-Café in der Via degli Zingari bot, um einen Einstieg in die Tätigkeit als „vor Publikum sich präsentierender Poet" zu bewerkstelligen.

Federico war von Unruhe ergriffen, es war eine Gruppenlesung mit mehreren Autoren. Er sollte der vorletzte sein. Als die Stunde gekommen, ging Federico zum Rednerpult und trug seine Werke vor. Er war emotional sehr bewegt und rang mehrmals mit den Tränen.

Doch nach getaner Arbeit verließ er das Lokal für einen Augenblick, um eine Zigarette zu rauchen. Diese hatte er sich redlich verdient!

VIII.   Paolo Pacedivina

Paolo Pacedivina und Federico Fiorentino verband eine
spezielle Freundschaft.
Kaum existierte wahrscheinlich eine innigere Männer-
freundschaft (unter zwei heterosexuellen Männern).
Paolo, seines Zeichens Kunstmaler, ist ein hochsensibler
Charakter, er ist einige Jahre älter als Federico und für ihn
so etwas wie ein großer Bruder, Lehrmeister, enger Ver-
bündeter.
Auch wenn sie sich nicht oft sahen, da sie in zwei ver-
schiedenen Städten lebten, gab es doch immer ein un-
sichtbares Band zwischen Paolo und Federico.
Die beiden telefonierten zeitweise sehr viel und diese Tele-
fonate waren voll an hochemotionalen, philosophischen
und künstlerischen Themen.

Man konnte sagen, dass Paolo Federico liebte und schätze
wie einen leiblichen Bruder – sie waren eben „Verbündete
des Geistes".
Für Federico waren übrigens die Bande des Geistes seit
jeher viel stärker als jene des Blutes.

IX.   Die Reise nach Weimar

Federico war seit jeher ein Bewunderer der großen deutschen Dichterfürsten Goethe und Schiller. Was wäre also naheliegender als ein Besuch in Weimar?
Allein wollte er nicht reisen. Daher fragte er seinen alten Freund Cristiano, ihn auf dieser literarischen Erkundungstour zu begleiten. Dieser willigte sogleich ein.

So machten sie sich auf den Weg, es war schon der Herbst ins Land gezogen, aber die Temperaturen
waren auch in Deutschland noch annehmbar.

Die Zugfahrt gestaltete sich als lang und beschwerlich. Irgendwo im Bayrischen Wald bestellte sich Federico das eine oder andere Weißbier und berichtete seinem Compagnon aus seiner bewegten Lebensgeschichte. Dies war zumindest für beide unterhaltsam, und die Zeit verging schneller.
Über Naumburg ging's, schließlich Jena, und dann waren sie angekommen in diesem „Lyrik-Juwel vergangener Tage".

In Weimar bezogen die beiden Kulturreisenden ein Apartment, welches sie zuvor schon ausfindig gemacht und gebucht hatten.
Wie in modernen Zeiten üblich, musste man nur mehr eine Zahlenkombination über ein Kästchen beim Hoteleingang eingeben, und schon war das Apartment zugänglich.
Vom Raum her großzügig und allgemein gut ausgestattet, war dies eine preiswerte, gemütliche Unterkunft.
Nach Bezug des Apartments starteten Federico und Cristiano in die Altstadt.
Hierzu mussten sie einen kleinen Park überqueren, der sehr idyllisch wirkte.

Dann waren ein paar Stufen zu erklimmen, und schon
befand man sich im historischen Zentrum.
Bald war das Nationaltheater sowie das Goethe-Schiller-
Denkmal im Blickfeld.
Federico und Cristiano spazierten weiter in die Innen-
stadt, am Schiller- Haus vorbei und ein Stückchen weiter.
Am Ende dieser Straße liegt links ein uriges Gasthaus.
Dort ließen sie sich nieder.
In dieser Gaststätte speiste Federico einen
Burgunderbraten, dazu ein Glas Rotwein und
Cristiano ließ sich ein Nudelgericht schmecken.
Daraufhin diskutierten und philosophierten sie über Gott
und die Welt – so wie es unseren Helden gefällt.

Die beiden Compagnons verlebten so eine Handvoll Tage
in Weimar, besuchten den wunderschön weitläufigen Park
an der Ilm, das Schiller- Museum und sie machten
eine Rundfahrt im Bus mit touristischer Führung.
Und natürlich wurden auch einige nächtliche Streifzüge
unternommen.
Ich denke da im Besonderen an eine interessante Erfah-
rung in einem Irish Pub.
Federico und Cristiano entdeckten dieses an einem Abend
zufälligerweise.
Sie ließen sich die irischen Biere schmecken und kamen
ins Gespräch mit zwei Kellnerinnen. Eine war dunkelhaa-
rig, die andere blond. Dies waren genau zwei Frauentypen
nach der Art Federicos – er fand Dunkelhaarige attraktiv,
die Blonde kam dem Geschmack Cristianos entgegen.
Man unterhielt sich also ein gutes Weilchen. Cristiano
nahm aber zuletzt das Heft in die Hand, er war direkter
und offener in solchen Angelegenheiten.
Kurzerhand stellte er der dunkelhaarigen Kellnerin, wie
aus dem Nichts eine Frage: „Wollt ihr uns in unser Apart-
ment begleiten und ein wenig Wein mit uns trinken –
einen lauschigen Abend verbringen?"

Ein kurzes Zögern – die beiden Kellnerinnen entschieden sich dagegen.

Schon war der Tag der Heimreise gekommen.
Die beiden Helden machten sich auf die Rückreise nach Italien.
Eine lehrreiche Reise, eine Abwechslung allemal, und diese Magie des sich selbst sowie des Gegenübers anders Erlebens war sicherlich vorhanden gewesen.
Nach einer langen Zugfahrt stiegen die beiden in Rom aus und jeder ging wieder seiner Wege.

X. Akklimatisierung in Rom

In Rom begann Federico langsam zu gedeihen und mit ihm sein Werk.

Darüber hinaus baute er sich in Windeseile ein tragfähiges Netz an Freunden auf.

Mir fällt ein Kunstmaler aus den USA ein: Jack Painter. Er entstammte Los Angeles und war als junger Erwachsener nach Rom gezogen – auf der Suche nach seinen Wurzeln.

Jack Painter machte Federico bald Vorschläge für die Illustration seiner Werke und nicht nur auf freundschaftlichem, sondern auch auf professionellem Gebiet sollte bald eine innige Freundschaft entstehen.

Araldico del Re fand bereits Erwähnung. Diese Literaten-Freundschaft war beständig und wertvoll.

Francisco Valle, ein Musiker von argentinischer Herkunft wurde zu einem guten Spießgesellen, vor allem wenn es darum ging, nächtens durch Rom zu ziehen und ausgedehnte philosophische Diskussionen zu führen, die wiederum Federico oftmals zu lyrischen Werken mit besonderem Tiefgang anregten.

XI. Das Liebesabenteuer mit Layla

Einst schloss Federico Bekanntschaft mit einer Araberin aus Nizza.

Wie dies genau zugegangen, bleibt im Verborgenen. Jedenfalls sollte es bald zu einem ersten Treffen, exakt in Nizza, kommen.
Die Zugfahrt war zu Ende, und der Poet verließ den Zug an der französischen Mittelmeerküste.
Layla und er telefonierten kurz, und nicht lange dauerte es, bis sie einander zum ersten Mal in Fleisch und Blut gegenüberstanden.
Wir befanden uns inmitten des Höhepunkts der Corona-Epidemie, und so stand ihm die geheimnisvoll zauberhafte Orientalin mit einem maskenbedeckten Gesicht gegenüber. Seltsamerweise machte sie diese Maske nur noch reizvoller und erotischer.
Ich weiß nicht, ob Federico damals dämmerte, welch arabischer Orkan bald auf ihn zukommen sollte...
Einstweilen wirkte alles sehr spannend und knisternd.
Layla und Federico ließen sich zuerst in einem Café unweit des Bahnhofs nieder, und das gegenseitige Kennenlernen/emotionale Abtasten begann.
Später bezog Federico Quartier in seinem Hotel, danach ging er mit Layla zum Abendessen in ein landestypisches Gasthaus. Und langsam entwickelten die beiden eine gewisse Zuneigung.
Nicht von langer Dauer war der Aufenthalt im schönen Südfrankreich, nur drei Tage waren geplant, dies vor allem aus finanziellen Gründen.
Die letzte Nacht war gekommen. Layla und Federico schlenderten durch die Stadt, kehrten dann in einem Lokal kurzweilig ein, wechselten noch ein paar Worte.

Nun geleitete die bildhübsche Araberin den Helden der letzten Tage zum Hotel.

Das Hotel war ein hohes Gebäude, sie fuhren hinauf in den zehnten Stock, so denke ich. Dort war niemand, so weit ersichtlich, und Layla begleitete Federico aufs Zimmer. Sie unterhielten sich eine geraume Weile.

Dann wurde Layla unsicher – Federico war anders als die anderen Männer, denen sie im Laufe ihres Lebens begegnet war.

Er wirkte verhalten und unsicher. Doch plötzlich sprach er zu ihr: „Layla, ich liebe dich."

Somit fragte sie ihn, ob er sich zu Bette begeben wolle. Er bejahte. Und dann stillten beide ihr Verlangen – gewiss noch, ohne aufs Ganze zu gehen.

Die Erfahrung mit Layla war eine Zäsur. In vielerlei Hinsicht.

Denn seit geraumer Zeit gab es nichts Vergleichbares in Federicos Leben.

Eine erwiderte Liebe – dies traf wohl zu, doch andererseits war es eine chaotische Liebschaft, ja ein emotionales Pulverfass.

Eines Spätsommertages machte sich Federico auf den Weg zum Lago di Bolsena, einem See in der Nähe von Rom. Er sollte dort einige Tage verbringen.

Auf gut Glück fand er schließlich auch ein Zimmer in einer kleinen Pension.

Seine Gedankenwelt jedoch verfinsterte sich zunehmend. Die alten Dämonen erwachten in seinem Geiste zu neuem Leben.

Auch die Geschichte mit Layla tat
ihren Teil. Denn sie war eine äußerst eifersüchtige,
besitzergreifende Frau.
Und ihre Anfälle von rasender Eifersucht taten Federico
gar nicht gut.
Dieses Feuer der Leidenschaft mit der Araberin brannte
lichterloh, ja schien Federicos Herz mehr und mehr zu
verzehren.
Auf diesen gefahrvollen Wassern, einsam segelnd auf der
hohen und gefährlichen See der Melancholie, sah Federico
keinen anderen Ausweg mehr, als den Lago di Bolsena zu
verlassen und zwei Wochen in einer Psychiatrie
zuzubringen.

Trotz der schmerzhaften Erfahrung in der Psychiatrie, auf
die ich jetzt nicht näher eingehen möchte, kam es noch zu
zwei Treffen zwischen Federico und
Layla. Die orientalische Faszination war groß und die
Frucht sehr süß, doch allmählich wurde sie bitter.
Wie auch immer. Betrachten wir das zweite Treffen in
Nizza.
Es fand ungefähr zwei Monate nach Entlassung aus der
Nervenheilanstalt statt.
Angekommen an der Cote d'Azur, traditionell ging man
ins Café in Bahnhofsnähe und plauderte ein gutes Weil-
chen -die Wiedersehensfreude war enorm, die Faszination
ungebrochen.

Bei diesem zweiten Zusammentreffen gestattete Layla
Federico – das Vertrauen war schon erstarkt –
bei ihr zuhause die drei Nächte zuzubringen.
Doch bald zeigte sich, dass diese Liebschaft keine Zukunft
hatte.
Zum einen war da der „Desinfektionswahn" Laylas – sie
musste sämtliche Türschnallen sowie ihre und Federicos

Hände ungezählte Male desinfizieren.
Weiters war sie überempfindlich, wenn es darum ging,
dass sich Federico mit seiner „Straßenhose" auf das Bett
setzte usw. usf.

All dies tat der gegenseitigen Stillung der Begierden kei-
nen Abbruch, und man kam sich in jeder Hinsicht näher.
An dieser Stelle mag man Ovid zitieren:
„Cetera, quis nescit?"

Federico war nach Rom zurückgekehrt. Das zweite Tref-
fen mit der Araberin sollte in seinem Geiste noch lange
nachhallen. Ein drittes und finales wird einige Monate
später stattfinden.

In der Zwischenzeit arbeitete der Poet fleißig an neuen
Werken - angestoßen durch die neue arabische Sonne,
entstanden viele und durchwegs gelungene Gedichte.

Zeitweise nahm der tragische Held die Gelegenheit wahr,
Lesungen abzuhalten, so in einem Irish Pub oder auch im
Rahmen der Literatur Latium Organisation, der er an-
gehörte. Summa summarum gedieh die Arte poetica und
Federicos Leben entwickelte sich in die richtige Richtung.

Ein letztes Mal brach die tragische Figur namens Federico
Fiorentino nach Nizza auf.
Im Wechselbad der Gefühle befand er sich, so könnte man
seinen Gemütszustand zusammenfassen.
Angekommen in der Provence, wurde das Empfangsritual
nach bekannter Art und Weise absolviert.
Wiederum drei Tage voller Intensität.

Die beiden flanierten gedankenverloren durch die romantische Altstadt von Nizza, noch Hand in Hand. Vielleicht ahnten sie, dass das Beziehungsende nahte.

Auch wenn auf amouröser Ebene noch ein gewisses Feuer brannte und alles durchlebt wurde, was Frau und Mann gemeinsam erfahren können – am Horizont zeichneten sich düstere Gewitterwolken ab.
Federico verließ Nizza, um nie wieder zurückzukehren.

Einige Zeit sollte noch telefonischer Kontakt zwischen Layla und Federico bestehen. Dann ging die verwunschene arabische Prinzessin zurück ins Reich der Imagination, aus dem sie gekommen.
An dieser Stelle möchte ich festhalten: Layla litt leider an einer körperlich-seelischen Erkrankung mit geringer Aussicht auf Heilung.
Federico versuchte sich dies immer vor Augen zu halten. Die Araberin war möglicherweise von gewissen spirituellen Strömungen beeinflusst, die dem Poeten nicht guttaten. So viel schien festzustehen.

Federico wollte sich jedoch die Überzeugung beibehalten, dass Layla immer nach bestem Wissen und Gewissen gehandelt hätte – vielleicht hat sie einen negativen Einfluss auf ihn ausgeübt – wenn, dann aber indirekt, niemals direkt. Also er nahm an, dass sie ihm Schmerzen bereitet hatte aber: unwissentlich, unwillentlich!
Trotz alldem: Eine lange Mühsal war zu Ende.

XII.   Vom Schattenreich ins Licht

Federico Fiorentino fühlte sich wie das verwüstete Frankreich nach Beendigung des Hundertjährigen Krieges.
Und er fragte sich, warum ausgerechnet er immer an den falschen Frauentypus gelangen musste.
Es blieb ihm momentan nichts anderes übrig, als sich wiederum auf sein literarisches Wirken zu konzentrieren. Hatte er doch in der Liebe wie so oft zuvor, nichts als Chaos und Unglück zu verzeichnen.

„Angriff ist die beste Verteidigung" – dies war in jenen Tagen Federico Fiorentinos Motto. Und fast lawinenartig entstanden neue lyrische Werke verschiedenster Art.
Auch eine Art „Memoiren" verfasste er in dieser Zeit, diese jedoch im prosaischen Stil gehalten. Das war eine gute Gelegenheit die literarische Form zu changieren.
Außerdem wandte sich der Poet wieder vermehrt dem christlichen Glauben zu. Er war schon seit jeher ein Suchender gewesen, hatte auch früher im Tao Te King Lao Tses gelesen und dort zweifelsohne ewige Wahrheiten gefunden.

Doch der personalisierte Gott machte die Faszination für Federico aus.
Dieser war eindeutig signifikant für das Christentum.
Auch die Idee der Vergebung aller Schuld war Fiorentino seit jeher sehr sympathisch.
Er entschloss sich zu einem wichtigen Schritt:
Der Taufe in einer freichristlichen Gemeinde.
Diese Taufe war ein äußerst feierlicher Akt, auch Federicos Mutter sowie Araldico del Re waren zugegen.
Eine Tauf-Rede sowie zwei seiner Gedichte trug Fiorentino vor dem Ritual in der Kirche vor.

Es war ein edler, künstlerischer Rahmen und die versammelten Glaubensbrüder und -schwestern waren ganz begeistert.

In dieser christlichen Gemeinde taufte man ganz nach biblischem Vorbild: Federico war vollständig in Weiß gekleidet und wurde in einem Wasserbecken mit dem gesamten Körper untergetaucht. Somit war das Alte bereits Vergangenheit und ein neuer gereinigter Federico konnte getrost seiner glänzenden Zukunft entgegenblicken!

Ein Gedicht, das Federico in der Zeit seiner Taufe
eingefallen ist, möchte ich hiermit darbieten:

Ich bin gekommen, die Menschen zu trösten

So manch einer verzagten Seele
vermochte ich Trost zu spenden.
Wohl auch deswegen,
weil ich zuvor in unendlichen Meerestiefen
gewandert war.
Zeitenwende. Nicht nur in der Welt
- auch in meinem Dasein.
Langsam komme ich meiner Bestimmung näher.
Der Pfad, der genau zum Tor meines Herzens,
meiner Identität führt, er wurde beschritten
und verlängert sich stetig.
Lao Tse sprach einst von der „Einheit allen Seins".
Mehr und mehr komme ich dorthin.
In alten heimatlichen Gefilden vermochte ich
so manch leidende, verletzte Seele zu trösten.
Ich bin gekommen, die Menschen zu trösten.
Ein wahrhaftiger Gottesdienst.
Jesus liebt mich, Gott braucht mich.
Nur deswegen lebe, atme und schreibe ich noch.
Meine Worte werden heilsame Mandelcreme auf z
erschundenen Händen sein
und blutende Wunden verbinden.

XIII.   Colombina

Es war genau, wie wenn Gott Federico tief ins Herz geblickt hätte oder wie, wenn er seinen Wunsch nach einem weiblichen Gegenüber exakt um die Zeit der Taufe, Realität werden ließe.

Colombina, eine neue Liebe nahm langsam in Federicos Leben Gestalt an.
Er hatte sie damals bei einem Fest der römischen Literatur-Organisation kennengelernt.
Sie tat seinem Gemüt sehr gut. Konträrer als Layla und Colombina konnten zwei Frauentypen gewiss nicht sein.

Zwischen Federico und Colombina gab es weder Eifersuchtsdramen noch emotionalen Zunder.
Colombina war es auch, anders als ihrer Vorgängerin, fremd auf kindische Art Öl ins Feuer der Gefühle zu gießen.
Die neue Liebe war rein und unverfälscht. Sie sollte beständig gedeihen und hatte etwas engelhaftes.
Auf Krieg folgte Frieden, auf Schatten Licht.

Der ewige Kampf in dieser Welt

Wettbewerb und Widerstreit
sie herrschten von Anbeginn der Erde
bis auf den heutigen Tag.
Ein ewiges Gerangel, jeder möchte seinen Konkurrenten
ausstechen,
ob Politiker, Kaufmann oder Dichter ist hierbei egal.
Nachts lag ich schlaftrunken in meinem Bett
und vernahm Schreie, die wie Peitschenhiebe durch die
finstere Nacht schlugen.
Die Welt ist voll an Kriegen und anderen menschlichen
Konflikten und Grausamkeiten.
Ein Paradies auf Erden existiert lediglich in der Imagina-
tion.
Ein schöner Traum, der niemals Realität werden wird.
Ich könnte vergeben und loslassen, ich sollte dies sogar
tun
um meines eigenen Seelenfriedens willen.
Denn ich möchte nicht, dass der Staub der Ruinen meiner
Vergangenheit
meine Gegenwart, die wiederum so schlecht nicht ist,
erstickt.
Denn irgendwann werde ich vor dem Tor stehen,
das trennt Zeitlichkeit von Ewigkeit
und dann möchte ich sagen können:
Ich bin ausgesöhnt mit mir
und der Welt.

Francesco del Romano

Kurzbiografie des Autors

Francesco del Romano, geboren 1984 in Steyr, Österreich, war und ist ein Liebhaber der italienischen Literatur. Diese hat er sich, teils an verschiedenen Universitäten, jedoch größtenteils als Autodidakt in jahrelangem Studium angeeignet.
Dante, Boccaccio, Petrarca, Verga, Leopardi, Pavese – nur einige große illustre Namen der italienischen Literaturgeschichte – bereiteten seinem Schreiben maßgebliche Inspiration.
Er schreibt in drei Sprachen: Deutsch, Italienisch und Englisch. Genau genommen durchwegs eine Seltenheit für einen Schriftsteller.

Seit nunmehr über vier Jahren hat der Lyriker seinen Lebensmittelpunkt von Linz nach Klagenfurt verlegt. Aus vergangener Lethargie und Depression sozusagen wieder auferstanden, schreibt und wirkt er fleißig bei BUCH13 (der größten Kärntner Literaturbühne), wo er unter anderem auch schon den einen oder anderen Auftritt mit Erfolg bestritten.